yukismart.com/b/649936
AF364827
1
2

mela

elma

banana

muz

pera

armut

ciliegia

kiraz

lime

misket limonu

limone

limon

mela cotogna

ayva

kiwi

kivi

uva

üzüm

cocomero

karpuz

arancia

portakal

clementina

klemantin mandalina

fragola

çilek

lampone

ahududu

mirtillo rosso

kızılcık

mirtillo

yaban mersini

ribes

frenk üzümü

mora

böğürtlen

succo

meyve suyu

marmellata

reçel

pane tostato

kızarmış ekmek

pompelmo

greyfurt

melone

kavun

pomelo

pomelo

kumquat

kamkat

prugna mirabelle

mirabelle eriği

pesca

şeftali

albicocca

kayısı

prugna

erik

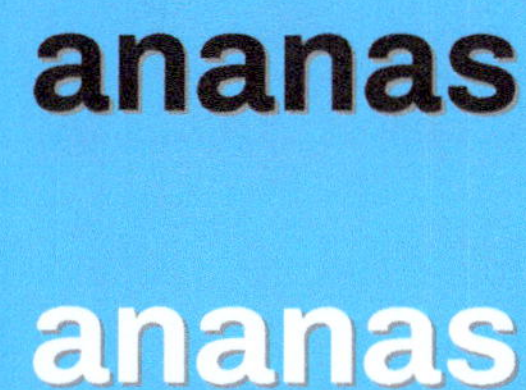

ananas

ananas

melograno

nar

oliva

zeytin

fico

incir

dattero

hurma

avocado

avokado

litchi

liçi

cachi

trabzon hurması

carambola

yıldız meyvesi

mango

mango

rambutan

rambutan

longan

longan

langsat

langsat

mangostano

mangostan

giaco

jak meyvesi

sapodilla

sapodilla

guava

guava

giuggiola

hünnap

durian

durian meyvesi

graviola

tarçınelması

papaya

papaya

frutto del drago

ejder meyvesi

cocco

hindistan cevizi

cacao

kakao

cioccolato

çikolata

patata

patates

mais

mısır

patata dolce

tatlı patates

zucca

bal kabağı

zucca pepona

butternut kabağı

manioca

manyok

carota

havuç

pomodoro

domates

fungo

mantar

broccolo

brokoli

asparago

kuşkonmaz

carciofo

enginar

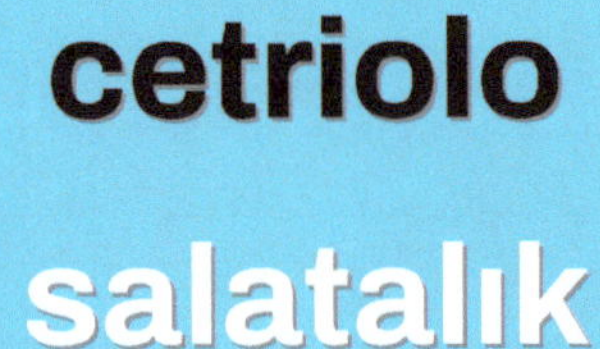

cetriolo

salatalık

spinacio

ıspanak

cavolfiore

karnabahar

zucchina

kabak

lattuga

marul

cavolo

lahana

melanzana

patlıcan

rapa

şalgam

ravanello

turp

barbabietola

pancar

rabarbaro

ravent

cavoletto di Bruxelles

Brüksel lahanası

porro

pırasa

menta

nane

sedano rapa

kereviz

indivia

hindiba

sedano

kereviz

piselli

bezelye

ceci

nohut

fagiolino

taze fasulye

fagiolo rosso

kırmızı fasulye

fagiolo mungo

maş fasulyesi

finocchio

rezene

pastinaca

yaban havucu

peperone

dolmalık biber

peperoncino

acı biber

pepe

biber

cipolla

soğan

aglio

sarımsak

zenzero

zencefil

noce macadamia

makademya fındığı

noci pecan

pekan cevizi

anacardo

kaju fıstığı

nocciole

fındıklar

mandorla

badem

pistacchio

fıstık

arachide

yer fıstığı

castagna

kestane

noci

ceviz